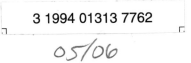

¿Conoces la Tierra? Geografía del mundo

Llanuras

por JoAnn Early Macken

Consultora de lectura: Susan Nations, M. Ed.,
autora, tutora de alfabetización,
y consultora de desarrollo de la lectura

Aprender de los mapas

Puedes aprender muchas cosas de los mapas, si sabes cómo interpretarlos. Esta página te ayudará a interpretar un mapa.

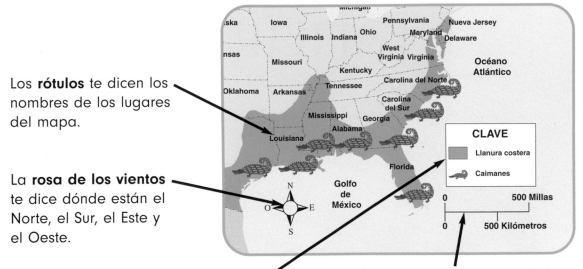

Los **rótulos** te dicen los nombres de los lugares del mapa.

La **rosa de los vientos** te dice dónde están el Norte, el Sur, el Este y el Oeste.

La **clave** (también se llama Leyenda) te dice qué significan los símbolos o los colores en el mapa.

La **escala** puede ayudarte a calcular de qué tamaño son los lugares del mapa o qué distancia los separa. Por ejemplo, una distancia de una pulgada (2.5 centímetros) en un mapa pueden ser cientos de millas en el mundo real.

Contenido

Cubierta y portada: Algunas llanuras están cubiertas de hierbas y flores silvestres.

Esta llanura tiene pequeñas colinas y algunos árboles.

¿Qué es una llanura?

Una llanura es una zona de terreno extensa que es mayormente plana. Algunas llanuras tienen colinas pequeñas. En algunas crecen los árboles. Otras llanuras están cubiertas de hierba.

Hay llanuras en todo el mundo. Pueden ser húmedas o secas. Pueden tener climas fríos o cálidos.

Los **glaciares** contribuyeron a dar forma a algunas llanuras. Un glaciar es un río de hielo. El peso del glaciar aplana la tierra a medida que avanza.

Otras llanuras se formaron cuando un volcán entró en **erupción** o estalló. Ríos de lava llenaron las zonas bajas de estas llanuras. Algunas llanuras estuvieron en una época en el fondo del océano. El agua que las cubría ayudó a darles forma.

Esta llanura está cubierta de hierba, pero no tiene árboles.

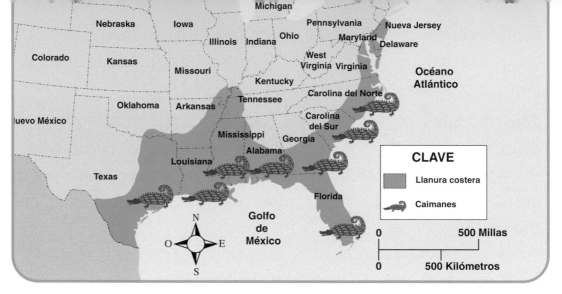

Este mapa muestra en qué partes de la llanura costera hay caimanes.

Llanuras costeras

Las llanuras que se forman junto a un océano, un mar u otra gran masa de agua reciben el nombre de llanuras costeras. Los ríos depositan arena y tierra donde desembocan en el océano. Allí se puede formar una llanura costera.

El nivel de agua del mar sube y baja. El agua cubre el terreno y después retrocede. Las olas bañan la orilla y se retiran. El agua cambia constantemente la forma del terreno.

Algunas llanuras costeras tienen pantanos y playas. En estos lugares crecen muchos tipos de plantas. En algunas llanuras costeras crecen árboles.

Las aves acuáticas y las tortugas viven en las llanuras costeras. En algunas zonas encontramos caimanes. En las llanuras costeras habitan venados, osos y zorros.

Estas aves acuáticas están buscando comida. En las llanuras costeras hay muchas clases de animales y plantas.

En esta llanura sólo hay unos pocos árboles y arbustos.

Praderas

Las **llanuras interiores** están lejos del océano. Muchas están cubiertas de hierba, y entonces reciben el nombre de praderas. Las praderas pueden estar en zonas muy secas donde no crecen muchos árboles. Algunas praderas son **tropicales**. Están en lugares donde hace calor. Otras son praderas **templadas** y están en lugares donde no hace ni mucho frío ni mucho calor.

Todas las praderas tienen ciertos aspectos en común. Reciben poca lluvia. Es posible que llueva sólo en ciertas épocas del año. Son lugares ventosos porque hay pocos árboles para bloquear el viento. De vez en cuando, puede haber sequías. Las **sequías** son épocas en las que llueve muy poco o no llueve. Pueden ser un problema para las plantas y los animales.

Los agricultores han tratado de cultivar en esta llanura de Nebraska. Sin embargo, una sequía ha impedido que los cultivos prosperen.

Las montañas se elevan detrás de esta llanura. Aunque tienen un poco de nieve en la cima, la llanura no recibe mucha agua. Allí sólo crece la hierba.

El interior de América del Norte tiene enormes llanuras. Éstas se expanden hacia el este desde las montañas Rocosas, que se encuentran en el oeste. Vientos húmedos llegan al lado oeste de las Rocosas. Estos vientos descargan la mayor parte de su humedad sobre las montañas. En el lado este de las montañas, el terreno es básicamente seco.

El río Mississippi fluye hacia el sur, atravesando las llanuras. La zona ubicada entre el río y las Rocosas se conoce como las Grandes Llanuras, y está cubierta principalmente por praderas. El terreno que se encuentra más cerca del río tiene más agua y allí crecen hierbas altas. La tierra más cercana a las Rocosas es más seca y allí la hierba es corta. En la pradera entre ambas zonas, crecen hierbas altas y hierbas cortas.

En algunas praderas puedes ver hermosas flores silvestres.

Las praderas reciben distintos nombres. En Europa y Asia se conocen como estepas. En Australia y Nueva Zelanda, las llanuras cubiertas de hierba reciben el nombre de **downs**. En América del Sur, a veces se las llama pampas.

En África, la mayoría de las praderas son conocidas como sabanas. Algunas se conocen como **velds**. Las sabanas son praderas tropicales, que se encuentran en lugares cálidos. Tienen una estación seca y una lluviosa. Las sabanas reciben lluvia suficiente para que puedan crecer algunos árboles y arbustos.

América del Norte

Océano Atlántico

N

O · E

S

Océano Pacífico

Clave

Praderas tropicales

Praderas templadas

América del Sur

0   1,000 Millas

0   1,000 Kilómetros

Pampas

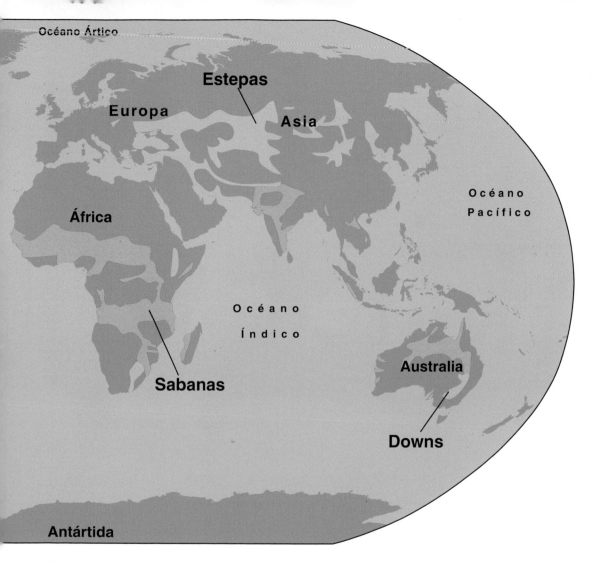

Este mapa muestra distintas praderas del mundo. Las praderas tropicales se encuentran en lugares cálidos. Las praderas templadas se encuentran en sitios donde no hace ni mucho frío ni mucho calor.

En algunas praderas, la mayoría de la lluvia cae en el verano.

Muchas praderas están lejos de los océanos. La tierra se calienta en el verano. La mayor parte de la lluvia cae en esa estación. En el invierno, puede hacer un frío gélido, y puede nevar.

Cada cierto tiempo, las praderas se incendian. Los rayos causan incendios, que pueden extenderse con rapidez. La hierba arde por encima del suelo, pero sus raíces no se dañan. Las cenizas de las plantas quemadas enriquecen el suelo. Poco después de un incendio, hierba nueva comienza a salir.

Cuando un rayo cae en una pradera, la hierba seca puede incendiarse.

En las praderas donde hay hierba, el pasto sirve de alimento a los animales.

La vida en las praderas

En algunas praderas, no llueve con frecuencia. Aun así, ciertas hierbas pueden crecer. Sus profundas raíces alcanzan el agua que está lejos de la superficie. Después de que los animales se han comido la parte superior de la hierba, ésta sigue creciendo. El viento esparce sus semillas, y de éstas sale hierba nueva.

Animales pequeños excavan en las praderas. Allí, los perros de las praderas viven juntos en "pueblos" subterráneos. Miles de perros de las praderas pueden vivir en una de estas comunidades, que puede medir varias millas de ancho. Estos animales se turnan para vigilar si se acercan enemigos. Los roedores pequeños también viven en madrigueras, o agujeros, que hacen bajo el suelo en las estepas y las pampas.

Los perros de las praderas protegen su "pueblo" de los enemigos.

Los animales que pastan se dan un banquete en las praderas de Australia.

En las praderas, animales grandes se alimentan de hierba. Allí habitan manadas de bisontes. En las llanuras de África, elefantes y rinocerontes comen hierba. Los canguros pastan la hierba en las praderas de Australia.

En las praderas podemos hallar distintas aves. Las avestruces viven en África. Los emúes lo hacen en Australia. Los ñandúes viven en América del Sur. Todas estas aves se parecen en ciertas cosas. Todas son aves grandes, con patas largas y alas pequeñas, y no vuelan.

Una mamá avestruz cuida a su cría.

En algunas llanuras, la gente trabaja en enormes granjas.

La gente y las llanuras

Hoy en día, muchas llanuras se usan para la agricultura. Donde los glaciares dieron forma al terreno, quedó un suelo muy fértil. En las praderas, los agricultores cultivan trigo y maíz. En las estepas, siembran avena y centeno.

Algunas zonas son muy secas para cultivar. Allí pastan las vacas y las ovejas.

Enfoque: Serengueti

El Serengueti es una sabana africana. Su nombre significa "llanura sin fin". Se encuentra en la parte oriental de África. En esta sabana, las cebras se alimentan de hierbas y hojas. Los guepardos cazan gacelas y otras presas. Los guepardos son los animales terrestres más rápidos. Los ñus migran a través de la sabana. Van detrás de la lluvia, que traerá más hierba verde.

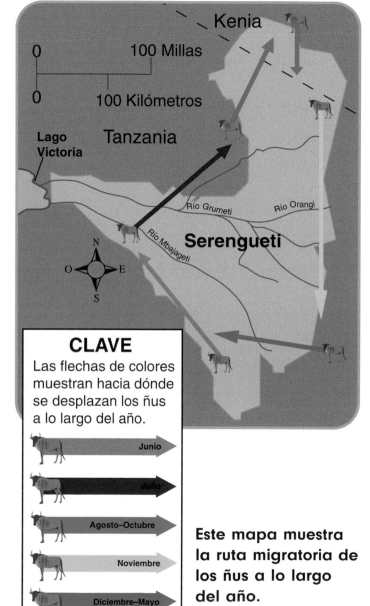

Kenia

0 ___ 100 Millas

0 ___ 100 Kilómetros

Lago Victoria

Tanzania

Río Grumeti

Río Orangi

Río Mbajageti

N
O — E
S

Serengueti

CLAVE

Las flechas de colores muestran hacia dónde se desplazan los ñus a lo largo del año.

Junio

Julio

Agosto–Octubre

Noviembre

Diciembre–Mayo

Este mapa muestra la ruta migratoria de los ñus a lo largo del año.

Glosario

entrar en erupción — salir o estallar con mucha fuerza

glaciares — ríos de hielo

lava — roca que se derrite por el calor de la Tierra y luego sale por un volcán. La lava se endurece cuando se enfría.

migrar — hacer un viaje desde un lugar o un clima a otro

pantanos — lugares que están húmedos todo el año, como cenagales, pantanales y ciénagas

sequías — épocas en que la tierra está muy seca

templado — relativo a lugares de la Tierra donde no hace ni mucho frío ni mucho calor

tropical — relativo a lugares de la Tierra donde hace calor todo el año

volcanes — aberturas en la superficie de la Tierra de donde brotan lava, rocas y cenizas

Más información

Libros

El avestruz. (Ostriches) Animales Del Zoológico (series). Patricia Whitehouse (Heinemann)

El caimán/Alligator. Patricia Whitehouse (Heinemann Lee y Aprende/Heinemann Read and Learn)

La tierra/Land. Abre Los Ojos y Aprende/Eyeopeners. (series) Emma Nathan (Blackbirch Press)

Los Animales de la Sabana. Mi Pequeña Enciclopedia (series). Michele Lancina (Larousse México*)*

Índice

Información sobre la autora

JoAnn Early Macken ha escrito dos libros de rimas con ilustraciones, *Sing-Along Song* y *Cats on Judy*, y más de ochenta libros de no ficción para niños. Sus poemas han sido publicados en varias revistas infantiles. JoAnn se graduó en el programa M.F.A. de Escritura para Niños y Jóvenes de Vermont College. Vive en Wisconsin con su esposo y sus dos hijos.

Please visit our web site at: **www.earlyliteracy.cc**
For a free color catalog describing Weekly Reader®
Early Learning Library's list of high-quality books,
call 1-877-445-5824 (USA) or 1-800-387-3178 (Canada).
Weekly Reader® Early Learning Library's fax: (414) 336-0164.

Library of Congress Cataloging-in-Publication Data available upon
request from publisher. Fax (414) 336-0157 for the attention of the
Publishing Records Department.

ISBN 0-8368-6544-8 (lib. bdg.)
ISBN 0-8368-6551-0 (softcover)

This edition first published in 2006 by
Weekly Reader® Early Learning Library
A Member of the WRC Media Family of Companies
330 West Olive Street, Suite 100
Milwaukee, WI 53212 USA

Copyright © 2006 by Weekly Reader® Early Learning Library

Editors: Jim Mezzanotte and Barbara Kiely Miller
Art direction: Tammy West
Cover design and page layout: Kami Strunsee
Picture research: Diane Laska-Swanke
Translators: Tatiana Acosta and Guillermo Gutiérrez

Picture credits: Cover, title, © Ron Spomer/Visuals Unlimited; pp. 2, 6,
12-13, 21 Kami Strunsee/© Weekly Reader Early Learning Library, 2006;
pp. 4, 5, 11, 15, 17, 18 © James P. Rowan; pp. 7, 10, 14 © Tom and Pat
Leeson; p. 8 © Daniel Gomez/naturepl.com; pp. 9, 20 © Inga Spence/
Visuals Unlimited; p. 16 © Jeremy Walker/naturepl.com; p. 19 © Joe
McDonald/Visuals Unlimited

Printed in the United States of America

1 2 3 4 5 6 7 8 9 10 09 08 07 06